Inhalt

Erstmalige Anwendung von IFRS/IAS

Kernthesen

Beitrag

Fallbeispiele

Weiterführende Literatur

Impressum

GENIOS WirtschaftsWissen Nr. 07/2003 vom 01.07.2003

Erstmalige Anwendung von IFRS/IAS

A.Kaindl

Kernthesen

- Ab 2005 müssen kapitalmarktorientierte Unternehmen ihre Konzernabschlüsse nach den IFRS aufstellen. Im Juni 2003 veröffentlichte das FASB den Standard IFRS 1, der erklärt, wie ein Unternehmen seine Abschlüsse auf IFRS umstellen muss.
- Der IFRS 1 beschreibt die Grundprinzipien für die Erstellung der ersten IFRS-Bilanz. Um den Übergangsprozess zu erleichtern, beinhaltet der Standard Ausnahmeregelungen.
- Die Umstellung der Bilanzierung von HGB auf IFRS bedeutet eine fundamentale Neuausrichtung des Rechnungswesens.

Verbunden damit sind hohe Kosten, was die Frage aufwirft, ob Unternehmen eine Rückstellung für Umstellungskosten auf IFRS bilden dürfen.

Beitrag

Pflicht zur Anwendung der IFRS/IAS

Gemäß einer EU-Verordnung müssen kapitalmarktorientierte Unternehmen in Europa von 2005 an ihre Konzernbilanzen auf IFRS (International Financial Reporting Standards, vormals International Accounting Standards) umstellen. Für die Firmen sind dann alle zum 31.12.2005 gültigen internationalen Standards relevant. (4), (7)

IFRS 1: First-time Adoption of International Financial Reporting Standards

Die bisher in der Praxis bei der erstmaligen

Anwendung der IFRS aufgetretenen Probleme wie z.B. Schwierigkeiten mit der Aufbereitung historischer Informationen, führten zur Erarbeitung eines neuen Standards, der sich ausschließlich mit der Erstanwendung von IFRS befasst. Das International Accounting Standards Board (IASB) veröffentlichte am 19.6.2003 den Standard IFRS 1. Der Standard erklärt, wie ein Unternehmen seinen Jahres- bzw. Konzernabschluss auf IFRS umstellen muss. Da gemäß dem Standard eine Vergleichsperiode darzustellen ist, muss z.B. ein Unternehmen, welches die Veröffentlichung des ersten IFRS-Abschlusses zum 31.12.2005 plant, bereits zum 1.1.2004 eine IFRS-Eröffnungsbilanz erstellen. Grundsätzlich hat die Umstellung der Rechnungslegung rückwirkend zu erfolgen. Demnach hat ein Unternehmen die Vermögenswerte und Schulden so darzustellen, als wenn es die am Bilanzstichtag gültigen internationalen Rechnungslegungsvorschriften schon immer angewendet hätte. In genau bestimmten Bereichen, in denen die Kosten einer rückwirkenden Umstellung den Informationsnutzen übersteigen, gibt es jedoch Erleichterungen für die Unternehmen. (2), (5), (7)

Grundprinzipien für die

Erstellung der ersten IFRS-Bilanz

Der IFRS 1 beschreibt 4 Grundprinzipien für die Erstellung der ersten IFRS-Bilanz:

Alle Aktiva und Passiva, welche die Ansatzkriterien in IFRS erfüllen, müssen bilanziert werden. Aktiva und Passiva, die unter den bisherigen Rechnungslegungsvorschriften bilanziert worden sind, aber die Ansatzkriterien in IFRS nicht erfüllen, dürfen nicht bilanziert werden. Dies gilt z.B. für die in Deutschland verbreiteten Aufwandsrückstellungen. Außerdem ist eine Reklassifizierung aller Aktiva, Passiva und Bestandteile des Eigenkapitals in die von IFRS vorgesehenen Bilanzpositionen vorzunehmen. Die Bewertung aller Aktiva und Passiva muss entsprechend den Bewertungsrichtlinien in IFRS erfolgen. Bestimmte Wertpapiere sind abweichend vom HGB z.B. zum Zeitwert zu bilanzieren und langfristige Rückstellungen werden, anders als nach HGB vorgesehen, abgezinst. (2), (4)

Ausnahmeregelungen des IFRS 1

Grundsätzlich sieht IFRS 1 die retrospektive Anwendung aller IFRS/IAS vor, die zum Zeitpunkt des Abschlussstichtages gültig sind. Um jedoch den

Übergangsprozess zu erleichtern, beinhaltet IFRS 1 verschiedene Ausnahmeregelungen. Zum Stichtag der Erstbilanzierung nach IFRS dürfen sehr viele Wertansätze aus der nationalen Bilanz übernommen werden. Der neue Standard erleichtert somit den Übergang von HGB auf IFRS. (2), (3)

Eine wesentliche Ausnahme von der rückwirkenden Anwendung der IFRS betrifft das Wahlrecht bzgl. der Bilanzierung von Unternehmenszusammenschlüssen aus der Vergangenheit. Den Konzernen wird gestattet, hier die bisher verwendeten Bilanzansätze zu übernehmen. Sie brauchen nicht die möglicherweise verrechneten Goodwills wieder aufleben zu lassen.

Mit Blick auf die Transparenz schränken die Wahlrechte für die Erstanwendung die Vergleichbarkeit der IFRS-Abschlüsse ein. (4)

Fundamentale Neuausrichtung des Rechnungswesens

Für die Unternehmen bedeutet die Umstellung auf IFRS eine fundamentale Neuausrichtung des Rechnungswesens, die eine bilanzkulturelle, fachliche und organisatorische Dimension umfasst.

Grundprinzip der Rechnungslegung nach IFRS ist nicht wie im HGB eine vorsichtige, sondern eine wirklichkeitsnahe Bilanzierung. Die Mitarbeiter in den Bilanzabteilungen müssen sich die neuen, äußerst komplexen Bilanzierungsvorschriften aneignen. Ein Problem in der Bilanzierungspraxis stellt der ständige Wandel und der zunehmende Detaillierungsgrad der IAS dar. Das Formular- und Berichtswesen und vor allem die Kostensystematik müssen im Hinblick auf die umfassenden Transparenzpflichten neu ausgelegt werden. Häufig stoßen hierbei die bisherigen DV-Systeme an ihre Grenzen. Auch IFRS-Abschlüsse enthalten bilanzpolitische Stellschrauben. Im deutschen Bilanzrecht standen die Ausübung von Bilanzierungs- und Bewertungswahlrechten im Mittelpunkt der Bilanzpolitik. Das IFRS-Regelwerk enthält vergleichsweise wenige Wahlrechte. Zukünftig stehen vor allem die Sachverhaltsgestaltung und die Ausübung von Ermessensspielräumen, welche in den IFRS in weitaus größerem Umfang als im deutschen Bilanzrecht vorhanden sind, im Vordergrund der Bilanzpolitik. (9)

Mehr Eigenkapital durch die Umstellung auf IFRS?

Unternehmen, deren Eigenkapitalquote zu gering ist, wird häufig vorgeschlagen, die Bilanzierung auf IFRS umzustellen, da IFRS-Bilanzen häufig eine höhere Eigenkapitalquote ausweisen als Bilanzen nach deutschem Recht. Diese Behauptung basiert u.a. auf folgenden Sachverhalten: Das Vorsichtsprinzip ist im IFRS-Abschluss weniger stark ausgeprägt als nach deutschem Recht, da dieser weder steuerlichen Zwecken noch der Kapitalerhaltung dient. Nach IFRS gilt wie nach HGB der Grundsatz der Bewertung mit den fortgeschrittenen Anschaffungskosten. Dieser Grundsatz wird aber an zahlreichen Stellen zugunsten einer Bewertung mit dem Fair Value durchbrochen. Der Vorteil dieser Bewertung liegt darin, dass es nicht zur Bildung stiller Reserven oder stiller Lasten kommt. Durch die Aufdeckung stiller Reserven kann das vorhandene Eigenkapital eines Unternehmens im IFRS-Abschluss zutreffender dargestellt werden. In vielen Fällen kann die Aufdeckung stiller Reserven gleichzeitig zum Ausweis von mehr Eigenkapital führen. Die Darstellung eines erhöhten Eigenkapitals ist nicht automatisch gleichzusetzen mit einer Verfügungsmöglichkeit über mehr Kapital. (8)

Bildung von Rückstellungen für

Umstellungskosten auf IFRS/IAS

Die Umstellung der Bilanzierung von HGB auf IFRS/IAS ist ein komplexer Prozess; dementsprechend fallen hohe Kosten an. Daher stellt sich die Frage, ob für die Kosten, die nicht aktiviert werden können, eine Rückstellung zu bilden ist bzw. gebildet werden darf. Nach den Bestimmungen des HGB ist eine Rückstellungsbildung für die auftretenden Kosten erforderlich, sobald der Beschluss des Unternehmens vorliegt, eine Umstellung auf Grund der gesetzlichen Verpflichtung durchzuführen. Es dürfen nur die Kosten zurückgestellt werden, die unmittelbar mit der Erstellung des Konzernabschlusses in Zusammenhang stehen. Daher sind eine detaillierte Aufstellung der durchzuführenden Änderungen und der damit verbundenen Kosten erforderlich. Veröffentlicht ein Unternehmen einen Jahresabschluss nach IFRS/IAS, so ist die Umstellung als vollzogen zu betrachten. Eine Rückstellungsbildung für noch weitere anfallende Umstellungskosten ist nicht zulässig. Somit sind bei der Umstellung noch eventuell vorhandene Rückstellungen umgehend aufzulösen. (11)

Fallbeispiele

In der Finanzbranche herrscht im Hinblick auf die neuen Bilanzierungsstandards große Unsicherheit. Obwohl die große Mehrheit der Finanzinstitute dem IFRS gegenüber positiv eingestellt ist, zeigten sich diese in einer Befragung des Wirtschaftsprüfungsunternehmens Price Waterhouse Coopers unsicher darüber, welche Veränderungen mit der Umstellung auf die neuen Rechnungslegungsvorschriften verbunden sind und wie tiefgreifend diese sein werden. Diese Verunsicherung überrascht nicht, da noch nicht klar ist, wie einige endgültige Standards etwa bezüglich der Bilanzierung von Finanzinstrumenten - aussehen werden. 92 Prozent der befragten 85 Manager befürworten die Einführung eines weltweit einheitlichen Bilanzierungsstandards. Fast die Hälfte glaubt, dass ihr Finanzinstitut einen Wettbewerbsvorteil mit der Bilanzierung nach IFRS gegenüber den Nicht-Anwendern erringen kann. 27 Prozent rechnen ferner mit einem positiven Effekt der Umstellung auf ihren Aktienkurs. 65 Prozent erwarten eine Verbesserung der eigenen Unternehmensführung nach Einführung der neuen Bilanzregeln. (1), (14)

Der IAS 39 regelt den Ansatz und die Bewertung von

Finanzinstrumenten. Die Vorschriften des IAS 39 stellen eine grundlegende Abkehr von den bisher anzuwendenden Bilanzierungs- und Bewertungsvorschriften für Finanzinstrumente nach HGB dar. Beispielhaft hierfür können die Bilanzierung von Finanzinstrumenten einschließlich sämtlicher Derivate zum Fair Value, die Vorschriften zur Behandlung strukturierter Produkte und nicht zuletzt die restriktiven und komplexen Regelungen zum Hedge Accounting angeführt werden. Insbesondere die Regeln für das Hedge Accounting stellen eine große Herausforderung dar. Stark betroffen davon sich Banken und große Industrieunternehmen, die anstelle einer 1 zu 1-Absicherung von Einzelgeschäften ihre Risikopositionen des Anlagebestandes zusammenführen und nur das verbleibende Nettorisiko durch Makro-Hedges am Markt absichern. Diese aus ökonomischer Sicht optimale Form des Hedgings wird von IAS 39 in der bilanziellen Darstellung explizit untersagt. Das bedeutet, dass das Hedge Accounting nur noch unter sehr eingeschränkten Bedingungen möglich sein wird, die wiederum eine sehr ausführliche und kostenintensive Dokumentation erforderlich machen. (12), (13), (14), (15)

Die Umstellung von HGB auf IFRS wird unter anderem auch weitreichende Auswirkungen auf die betriebliche Altersvorsorge haben. Da bei unmittelbaren Direktzusagen und der Versorgung über eine Unterstützungskasse die Arbeitnehmer einen direkten Anspruch gegen das Unternehmen haben, sind die Unternehmen zum Ausweis der Verpflichtung in Form von Pensionsrückstellungen im Jahresabschluss verpflichtet. Bisher konnten diese Rückstellungen nach dem Teilwertverfahren bewertet werden, mit der Konsequenz, dass derartige Rückstellungen zu niedrig ausgewiesen wurden. Gemäß IAS 19 sind Pensionsverpflichtungen künftig nach dem Anwartschaftsbarwertverfahren zu bewerten. Dieses Verfahren orientiert sich am aktuellen Versorgungsaufwand und wird zu einer erheblichen Höherbewertung der Pensionsverpflichtungen in der Größenordung von circa 15 Prozent führen. Wenn die Umstellung auf IAS zu keinen unerwünschten Auswirkungen auf die Bilanz führen soll, sind die Unternehmen gehalten rechtzeitig Vorsorge zu treffen. IAS 19 bietet die Möglichkeit die Pensionsverpflichtungen im Rahmen der Bilanzierung zu verringern. Abweichend vom deutschen Recht ist eine Saldierung von Verpflichtungen und der zur Finanzierung betrieblicher Versorgungsleistungen dienenden Deckungsmittel möglich. Voraussetzung dafür ist, dass die Finanzmittel in einer rechtlich selbständigen Einheit gehalten werden. Die neuen Bilanzierungsvorschriften müssen damit zu keiner

Verschlechterung bei der Bilanzierung von betrieblichen Pensionsverpflichtungen führen. (6)

Die Umstellung der Rechnungslegung auf IFRS/IAS hat für das Immobilienvermögen folgende Auswirkungen: Immobilien, die ausschließlich zur Weiterveräußerung erstellt oder erworben wurden, sind als Vorratsvermögen entsprechend des IAS 2 zu behandeln. Aus dem direkten Vergleich von Anschaffungs- und Herstellungskosten mit dem Nettoveräußerungswert wird der niedrigere Wert angesetzt. Somit gilt auch für den Ansatz nach IFRS/IAS das aus dem HGB bekannte Verfahren der Bewertung zum Preis des Absatzmarktes. Für eigengenutzte Immobilien, die langfristig dem Unternehmen dienen, findet IAS 16 Anwendung. Der erstmalige Ansatz erfolgt, vergleichbar dem deutschen Recht zu Anschaffungs- und Herstellungskosten, wobei die Definition der Kostenbegriffe gemäß IAS 2 anzuwenden ist. Für die Folgebewertung bietet IAS 16 verschiedene Möglichkeiten: Entweder Bewertung zu fortgeführten Anschaffungs- und Herstellungskosten oder Ansatz der Immobilie zum Fair Value. Damit gestattet IFRS/IAS die Aufdeckung stiller Reserven. (10)

Die Kosten für die Umstellung auf IAS/IFRS werden von den meisten Unternehmen unterschätzt. Wie eine vor kurzem veröffentlichte Studie zeigt, geht ungefähr jedes zweite Unternehmen davon aus, dass eine Umstellung in 50 Mann-Tagen zu bewältigen ist und die Kosten der Umstellung unter 50.000 Euro liegen. Diese Schätzungen stehen im Widerspruch zu bisherigen Erfahrungswerten aus bereits durchgeführten Umstellungen, bei denen die Kosten der Umstellung um ein Vielfaches höher lagen. Die geschätzten Kosten bewegen sich zwischen 0,1 Mio. Euro und 100 Mio. Euro, wobei der Großteil der Unternehmen mit einer Belastung zwischen 0,2 Mio. Euro und 0,5 Mio. Euro rechnen muss. (11)

Weiterführende Literatur

(1) IFRS sorgen für Verwirrung in der Finanzbranche
aus Frankfurter Allgemeine Zeitung, 28.04.2003, Nr. 98, S. 25

(2) Erstmalige Anwendung von IFRS
aus Der Schweizer Treuhänder, Heft 6/2003, S. 501-512

(3) Leichter Übergang von HGB auf IFRS
aus Frankfurter Allgemeine Zeitung, 23.06.2003, Nr. 142, S. 17

(4) IAS-Umstellung mit Wahlrechten
Vereinfachungen für die Erstanwendung
aus Börsen-Zeitung, 20.06.2003, Nummer 116, Seite 12

(5) IASB legt Standard für Übergang auf IFRS/IAS vor

Retrospektives Prinzip - Tagung in Rom
aus Börsen-Zeitung, 20.06.2003, Nummer 116, Seite 12

(6) Bilanzprobleme durch IAS und betriebliche Altersvorsorge? Über Saldierung ist sogar Besserstellung möglich - Unternehmen müssen sich rechtzeitig um die Gestaltung eines betriebsinternen Fondsvermögens kümmern
aus Börsen-Zeitung, 20.06.2003, Nummer 116, Seite 10

(7) Start für den neuen Rechnungslegungsstandard Statt IAS heißt das international gültige Regelwerk zur Bilanzierung nun IFRS - es ist ab 2005 für alle Buchhalter bindend
aus FTD Financial Times Deutschland vom 19.06.2003, Seite 29

(8) Mehr Eigenkapital durch die Umstellung auf IFRS? Höhere Transparenz und Vergleichbarkeit der Abschlüsse - Klarheit bringt zahlreiche Vorteile für mittelständische Unternehmen
aus Börsen-Zeitung, 22.05.2003, Nummer 97, Seite B5

(9) IAS: Der Countdown läuft Neue Bilanzvorschriften werden Basis für die neue Vermögenssicht
aus Vermögen & Steuern Nr. 05 vom 01.05.2003 Seite 010

(10) Immobilienvermögen in der IAS/IFRS-Bilanzierung
aus Immobilien & Finanzierung - Der langfristige Kredit Nr. 10 vom 15.05.2003 Seite 342

(11) Bildung von Rückstellungen für Umstellungskosten auf IAS/IFRS
aus Betrieb und Wirtschaft, Heft 8/2003, S. 313

(12) Hedge-Effektivität: Lösung des Problems der kleinen Zahlen
aus Zeitschrift für das gesamte Kreditwesen Nr. 11 vom 01.06.2003 Seite 599

(13) IAS-Praxis Ökonomisches Makro-Hedging unter IAS 39
aus Zeitschrift für das gesamte Kreditwesen Nr. 11 vom 01.06.2003 Seite 593

(14) IAS 39 aus Sicht der Wirtschaftsprüfung
aus Zeitschrift für das gesamte Kreditwesen Nr. 11 vom 01.06.2003 Seite 585

(15) IAS 39: Turmbau zu Babel der globalen Bilanzierung
aus Zeitschrift für das gesamte Kreditwesen Nr. 11 vom 01.06.2003 Seite 566

Impressum

Erstmalige Anwendung von IFRS/IAS

Bibliografische Information der deutschen Nationalbibliothek

Die Deutsche Nationalbibliothek verzeichnet diese Publikation in der deutschen Nationalbibliografie; detaillierte bibliografische Daten sind im Internet über http://dnb.d-nb.de abrufbar.

ISBN: 978-3-7379-1172-6

© 2015 GBI-Genios Deutsche Wirtschaftsdatenbank GmbH, Freischützstraße 96, 81927 München, www.genios.de

Alle Rechte vorbehalten. Dieses Werk ist einschließlich aller seiner Teile – z.B. Texte, Tabellen und Grafiken - urheberrechtlich geschützt. Jede Verwertung außerhalb der Grenzen des Urheberrechtsgesetzes bedarf der vorherigen Zustimmung des Verlags. Dies gilt insbesondere auch für auszugsweise Nachdrucke, fotomechanische Vervielfältigungen (Fotokopie/Mikroskopie), Übersetzungen, Auswertungen durch Datenbanken oder ähnliche Einrichtungen und die Einspeicherung und Verarbeitung in elektronischen Systemen.